U0118220

Johannes Gutenberg

und das Werk der Bücher

—— Schwarze Kunst 黑色工藝 ——

活字印刷的發明故事，你所不知道的古騰堡！

文｜克莉絲汀・舒茲—萊斯（Christine Schulz-Reiss）[德]
圖｜克勞斯・恩西卡特（Klaus Ensikat）[德]
譯｜鄭若慧

Johannes Gutenberg und das Werk der Bücher

目錄
Contents

序章✧關於約翰尼斯・古騰堡

Die Geschichte von Johannes Gutenberg

約翰尼斯・古騰堡（Johannes Gutenberg）於西元一四〇〇年左右出生，確切的出生年分不詳，最後在一四六八年去世。他出生於美茵茲（Mainz）[1]，因發明活字印刷術而聞名於世。在此之前，所有的文章和書籍，都必須由手抄寫，而且價格十分昂貴，因此只是有錢人才負擔得起。

但自從古騰堡發明了活字印刷術，一切都不一樣了——所有的文章作品、新聞傳單、廣告宣傳，還有不久後出現的報紙，都能被迅速且大量地印刷和傳播。大眾終於能夠接觸到各種新知、思想、觀念和言論等等，其中最重要的，就是知識。

假如沒有印刷出來的書籍和地圖，哥倫布就沒辦法開闢前往美洲的航

1｜美茵茲（Mainz），古騰堡的出生之地，這裡是是政教古都，在神聖羅馬帝國時代是天主教貴族的駐地。〔編註〕

路；如果童話故事書沒有被印刷出來，那麼創作童話的大作家就不會變得家喻戶曉；同樣地，馬丁．路德[2]也沒有辦法將他的《九十五條論綱》廣泛散播出去，以推動宗教改革。

知識就是力量。而這種力量在活字印刷術發明之前，僅爲富人所擁有，但現在，書籍乃至教育，都變成尋常人家也能負擔得起了！知識與教育的普及，讓人們能夠將自己的一切掌握在手中[3]，也改變了整個世界。

2 —馬丁．路德（Martin Luther，一四八三—一五四六年）原為神聖羅馬帝國教會司鐸兼神學教授，在當時的社會，教會讓人們購買贖罪券來赦免罪孽，然而馬丁．路德卻認為這是不恰當的做法，於是，在一五一七年十月三十一日，他發表了《九十五條論綱》（又稱《關於贖罪券意義與效果之見解》），將之貼在維登堡教堂大門上，提出對贖罪券作公開學術辯論，此舉引起了人們對教會的反對浪潮，掀起了宗教改革運動，促成了新教的誕生。〔編註〕

3 —此處的意思是指讓人們走出迷信與宗教束縛。〔譯註〕

儘管如此，古騰堡在一四五四年成功做出了他的印刷作品時，他並沒有想過這些。當時對他而言，最重要的就是賺錢，而這也是為甚麼他所印刷的第一本書——這本偉大且世界知名的書——是《聖經》。

時至今日，都沒有任何一本書比《古騰堡聖經》[4]更美、更珍貴。於美茵茲印刷的一百八十本《聖經》，歷經數百年後，現僅存四十八本，其中有些已殘缺不全，但它們現今仍然相當矜貴，價值上數百萬歐元。對於人類的歷史而言，由古騰堡所發明的活字印刷術意義重大，其重要性至少等同於五百年後被發明的電腦和互聯網絡。

4—《古騰堡聖經》（Gutenberg-Bibeln），亦稱《四十二行聖經》，是古騰堡發明活版印刷術後，世上第一本以活字印刷方式印成的《聖經》，在此之前，歐洲的書籍都是人手抄寫，又或以雕版方法複印。〔編註〕

第1章 ✧ 史特拉斯堡的秘密

Das Straßburger Geheimnis

他的主人現在是瘋了嗎？竟然讓自己去史特拉斯堡（Straßburg）[5]！那裡現在可是瘟疫肆虐，已經死了很多人[6]！

勞倫茲・貝戴克（Laurentz Beldeck）苦苦哀求，希望自己的主人收回命令。然而，古騰堡的態度非常強硬，他訓斥自己的僕人：

「你要是不去史特拉斯堡，那麼你現在就和你的妻子滾蛋吧！」

就連勞倫茲妻子的淚水都沒能讓他心軟，這位女士平日爲他打理家務，現在正懇求他不要讓自己的丈夫去那麼危險的地方。

最後，勞倫斯只能心情沉重地從聖阿博加斯（St. Arbogast），也就是

5—史特拉斯堡（Straßburg）在歷史上其主權曾由德國和法國輪替擁有，在語言和文化上兼有法國和德國的特點，現今則屬法國東部領土。〔編註〕

6—從十四世紀直至十八世紀末，「黑死病」（即鼠疫）曾在歐洲多處肆虐。〔編註〕

古騰堡所在的地方，起程出發。他在路上抬頭遠遠地看到宏偉的史特拉斯堡主教座堂那高聳的塔樓，就像是一根指向天空的手指。勞倫斯向天禱告：「天主啊，請寬恕我可憐的靈魂，保佑我免遭黑死病侵襲吧！」

他這麼害怕是有原因的，不是因爲那個瘟疫肆虐的城市髒污不堪，也不是低矮木桁架屋之間的窄巷滿是穢物，那裡向來都是如此。他害怕的，是自己必須踏進這樣的一間屋子——那是古騰堡手下的工匠安德烈．迪才（Andreas Dritzehn）的家，而他在幾天之前死於黑死病，就死在那間屋子裡！這正是勞倫茲被主人派到史特拉斯堡的原因，因爲安德烈的家裡藏著古騰堡的秘密作坊。

古騰堡此前不曾提及過這件事，現在卻對他耳提面命：

「桌子上有一些金屬模板，你要把它們藏起來！更重要的是，作坊裡有一台木製的壓印機，你要把上面的四顆螺絲釘都拆除，這樣它就會垮掉！」

勞倫茲一抵達史特拉斯堡的作坊，就迅速抓過桌上的模板塞進自己的背包和提袋中。這時，門突然被打開了，安德烈的兄弟克勞斯（Claus）和約格（Jörg）衝了進來。

「手拿開！」

他們之中的一人對勞倫茲吼道，另一人則抓著他的手臂將他扔出門外。

「滾出去！」

（然而，迪才兄弟直到後來也不明白這台壓印機到底有甚麼用，也不知道要怎麼操作它，這可眞是謝天謝地！）

爲甚麼古騰堡要對這件事這麼緊張要命？

因爲那正是他的印刷術發明品，他那個秘密計劃中最重要的工具！

爲此，他和安德烈及另外三個史特拉斯堡人合夥作業，其他人提供資金，而他則提出想法和技術。

古騰堡向夥伴承諾他們會大賺一筆，而相對地他也要求他們向天發誓，絕對不會對任何外人透露這個合夥計劃中的任何一個字。因爲古騰堡最擔心的，就是別人會發現這個技術的秘密而破壞他的生意——他們要在安德烈的作坊爲偉大的「阿亨朝聖」(Aachener Wallfahrt)[7]壓印「朝聖鏡」。

7 阿亨主教座堂每七年會公開展示一次聖物，是備受重視的宗教朝聖盛事。〔編註〕

第2章 ✧ 阿亨朝聖的護身符

Amulette für Aachen

每隔七年，就會有數千個信徒從歐洲各地出發，前往位於普法爾茲地區（Pfalz）的阿亨（Aachen）[8]朝聖。到了一四三九年，也就是明年，又是這個盛事舉辦的時候了。當這些朝聖的人們看到阿亨的四聖物，將會再一次虔誠地膜拜。

這些聖物會被遠遠地展示在普法爾茲禮拜堂（Pfalzkapelle）[9]的高塔上，如果是在其他地方，聖物或聖骨會被放置在教堂的玻璃櫥窗中展示，但在阿亨並非如此。

8｜阿亨（Aachen），也有譯作「亞琛」，這是神聖羅馬帝國時期一座重要的城市，也是西方學術、文化中心，有著名的礦泉可作療養，西元八一三年至一五三二年間，曾有三十二位神聖羅馬帝國皇帝在此地加冕。〔編註〕

9｜普法爾茲禮拜堂（Pfalzkapelle）即現今阿亨主教座堂建築物的一部分。〔譯註〕

阿亨的聖物非常珍貴，平時都被牢牢鎖在神龕內保存，每七年才會取出來展示一次，這四件聖物是——聖母瑪利亞的外袍、聖嬰的襁褓、耶穌的纏腰布，以及一塊在《聖經》時代裝盛過施洗者約翰被砍下頭顱的布。這些聖物帶著一種特殊的恩典，教堂承諾信徒，凡是有幸看到並崇拜這些聖物的人，他們身上的世俗罪孽就會被神赦免。而在中世紀，人們最害怕的莫過於在死後進入煉獄，甚至直接被投入地獄[10]。

前往瞻仰聖物的信徒，會事先準備朝聖鏡，不只是爲了他們自己，也是爲了其他的人——因爲信徒可以用朝聖鏡捕捉聖物的恩典之光，然後將之帶回家給那些沒有到場的人。

10 煉獄位於天堂與地獄之間，生前有小罪而作補償的信徒會在這裡受苦，以洗滌身上的罪孽，待一切罪惡皆洗除乾淨才能進入天堂；非信徒或者不悔改的罪人在死後會被投入地獄，靈魂在那裡永受痛苦（不過各教派對煉獄和地獄的看法有很大的分歧）。〔譯註〕

這種護身符有一個金屬製的邊框，框上裝飾著聖人的圖像，最重要的是，中間鑲嵌著一面小鏡子或者打磨過的寶石，可吸收聖光。所有的阿亨朝聖者都會買上一面朝聖鏡，將這面鏡插在自己的帽子上。因此，對於金匠、寶石打磨匠、鑄造匠和其他的手工匠而言，阿亨朝聖就是可賺一筆的大生意！

本身在史特拉斯堡做寶石買賣的約翰尼斯．古騰堡自然也想分一杯羹，而且他已想出比手工製造更快速，也可以更大量製造這些朝聖鏡的方法——按照他的說法，他要把這種護身符「壓印」出來，也就是利用先打造好的金屬模具，將護身符的邊框衝壓出來。

他經過冥思苦想後，得出了一個想法，而爲了完成這個構想，他需要一台壓印機。他以葡萄農用來替葡萄榨汁的壓榨機爲原型，繪出設計圖，他的壓印機最後看起來是這個樣子的——一塊厚重的木板被固定在框架上，用螺

絲栓在一個轉軸上，接著將整個裝置放置在桌上。使用時，將一片薄金屬板放在這個裝置正下方的桌板上，再把模板設置在金屬板和壓印機的中間，只要轉動轉軸，厚木板就會向下壓，將模板用力打壓金屬板。這麼做既迅速又可以不斷重複，而且操作起來毫無障礙！然後，他只需要將這些已壓出圖案的護身符仔細銼磨、拋光，最後用夾子將鏡子或寶石固定鑲嵌在中央即可。大功告成！

爲了實現這個計劃，古騰堡需要資金，也需要能替他辦事的人。正好，他有安德烈！這個年輕的貴族子弟曾向他學習寶石拋光的技術，是個能幹又勤奮的工匠[11]，而且還很有錢！

11 一在中古時期，手工業者的身分資格，依照其技術的嫻熟程度，由下至上分為三級：學徒、工匠和師傅。師傅招收學徒，學徒在修業期後通過行會的工匠資格考試後即可獲得「工匠」（Geselle）稱號，如工匠能通過行會規定的師傅資格審核，就可以得到「師傅」（Meister）的頭銜。〔譯註〕

古騰堡向安德烈透露自己的計劃，建議他加入自己的朝聖鏡事業。安德烈很興奮，並馬上給他八十古爾登（Gulden）[12]。但錢還是不足夠，於是古騰堡又找來了三個富有的史特拉斯堡朋友合夥。他們一想像到古騰堡說的大好前景，就彷彿聽到金幣在口袋裡「嘩啦」作響，於是也給了他數百古爾登。

現在，古騰堡可以向史特拉斯堡的車工康哈德・薩斯帕（Conrad Saspach）下單爲自己打造一台壓印機，也可以購買鉛、錫和其他需要的東西了。

古騰堡在安德烈那位於史特拉斯堡的家裡，爲自己的「秘密技術」設立了作坊，當他們從壓印機取出第一枚護身符時，兩個人都興奮得互相擁抱，

12 古爾登（Gulden）是當時使用的貨幣單位。〔編註〕

這是多麼了不起的一刻啊！這些已經完成的部件，由古騰堡這位師傅[13]保管在他那位於聖阿博加斯的家中，很快地，他家裡就堆了數百枚朝聖鏡。

當然古騰堡早就想得更遠了，因爲朝聖季過去之後，有賺頭的朝聖鏡事業也會隨之結束。更何況阿亨朝聖後來也延後了一年，要到一四四〇年才舉行[14]，他們預期得到的利潤因此而要更晚才能兌現，於是現在情況緊急，古騰堡必須想出其他點子，好讓他的壓印機能一直替自己獲利。

這時，他突然冒了出一個大膽的想法——或許……可以利用這個來印贖罪券[15]？

13—請參閱註 11〔譯註〕

14—因為鼠疫而延期。〔譯註〕

15—贖罪券（Ablassbrief）源於中古時期羅馬教會讓教徒以告解、懺悔等，以及虔誠的行為，如朝聖、購買贖罪券等，作為補贖的方式，以赦免自己的罪罰。〔編註〕

主教們和神父們會向虔誠的信徒販賣贖罪券，從中賺來的錢填滿了教堂的錢箱。教堂承諾購買贖罪券的人，就如同那些去阿亨朝聖的信徒，他們身上的罪孽也會被神赦免。

然而，教堂人員抄寫贖罪券的速度，總是跟不上民眾購買的需求，就像當時所有的文件和書籍一樣，贖罪券都是由修道院的修士們在文書室用墨水和羽毛筆努力地抄寫出來的。有些地方會將短文刻在木板上，然後在這些木板上塗顏料，再印到紙上面。只是木材會吸收顏料，字母的輪廓會變得模糊，看起來髒髒舊舊的，況且木板很快就會壞掉。

古騰堡在想，如果利用金屬印章來印這些贖罪券，效果不是會好得多嗎？而與此同時，他也將自己的另一個點子馬上付諸實踐——他指示安德烈在他們合夥的作坊「壓印」出具藝術設計感的金屬飾片，然後賣給書籍裝幀師，後者會用這種飾片來裝點書籍的封面。古騰堡自己則在聖阿博加斯的家裡繼續思索印製贖罪券的方法。

要用哪種墨水比較適合？如何能夠印在紙上不會暈開？他又要怎麼弄到不會印破的紙張？

爲此他無論如何都需要新的資金。

古騰堡向安德烈表示自己再有一個新的賺錢點子，但沒說明自己到底在盤算甚麼。而這位工匠總是對自己的師傅毫無疑問，又給出了一百古爾登，儘管他得爲此而抵押自己的遺產，他還是這麼做了！

第3章 ✧ 鬧上法庭

Vor Gericht

但是，如今可憐的安德烈死了，他的兄弟克勞斯和約格已經站在古騰堡家的門口，要他把死者的錢還給他們！

安德烈入股超過二百古爾登，這筆鉅款在當時都能在史特拉斯堡買下四幢大宅了。古騰堡把這些錢藏在他的作坊裡，根本不打算還錢。迪才兄弟憤怒地對他喊道：

「那些錢是安德烈的！而且我們現在還要替他償還債務！」

古騰堡無動於衷，他傲慢地答道：「請問，這和我有甚麼關係嗎？這和我根本沒有關係！」

「你會付出代價的！」迪才兄弟恐嚇他。他們指控古騰堡，並將他拖上法庭。

古騰堡對這裡並不陌生，因為他已經兩次作為被告站上法庭，甚至還一度和市議會發生衝突。

古騰堡的第一場官司，是三年前的事。

當時，也就是一四三六年，一位貴族的女兒艾妮琳（Ennelin zu der Iseren Thüre）將他告上法庭。她和古騰堡之間有過一段情，現在她聲稱他承諾過會娶自己為妻，後來卻又到處跟其他女孩調情，沒有兌現自己的諾言。

但古騰堡卻嘲笑著回應她：「那你到底想怎麼樣？其他女人為甚麼不可以對我拋媚眼？你自己也這麼做過啊！這又有甚麼好驚訝的？因為我就是這麼帥，有風度、有魅力，而且總是打扮入時！」

事實上，在十五世紀，像古騰堡這樣的男人走在街上，就像天堂鳥似地招搖。他們會穿咖啡色、白色、紅色、藍色或綠色的緊身褲，以三角形的襠片強調胯下的位置，而且因爲上半身搭配的是短版夾克，人們可以對此一覽無遺，如果從背後望上去，還可以看到被褲子緊緊包覆的臀部。這種短夾克有兩條上寬下窄的喇叭袖，袖口的荷葉邊會蓋住手腕，他們還會在短夾克下搭配一件打褶襯衫。依照不同的天氣和心情，這些男士會穿著不一樣的鞋子，可能是尖頭鞋、踝靴或是長筒靴。他們會將鬍鬚刮得乾乾淨淨，披散著留長的頭髮，有些人還會用烙鐵和蛋白燙出一頭時麾的鬈髮。

古騰堡還會在頭上戴一頂貝雷帽，有時帶著帽兜，有時則沒有。這種帽兜是帽子的尾巴，以動物毛皮或布料製成，在天冷時可以圍在脖子上，也可以纏在頭上當成頭巾。

不過，爲了保險起見，古騰堡在上法庭之前，還是披上了一件長及膝蓋的大衣，畢竟教會把男性穿著緊身衣裝的時尚妖魔化了，而且他也不清楚法

官會怎麼看待。

艾妮琳也穿得端莊保守，以免法官會覺得自己曾經以挑逗的衣著迷惑被告，甚至乎勾引他。這天她披上一件斗篷，以遮住她斗篷之下的一身穿搭——緊身打底衣和挖了兩個「惡魔之窗」[16]的衣裳，神父以此來形容衣服左右兩側的開口，這可令女性的身材曲線更爲突顯，不過這卻是教會不希望看到的。

而艾妮琳不是一個人來的，她還帶著一名證人出庭，那是一位名叫修特拉沃（Schottenlawel）的鞋匠。當法官問他是在哪裡認識古騰堡時，他陳述道：「他和我住在同一條街上，我看到過好幾次，這位先生帶著這位小

16 「惡魔之窗」的德語為Teufelsfenster，為一款左右袖位作大開口的女裝剪裁，穿著時內搭緊身衣，令人從左右兩邊的衣窗可見女性的乳房至腰間的曲線，是在中世紀後期流行的服裝。（編註）

姐進到……嗯哼，我該怎麼說呢……」他露出賊笑，「……大家應該都懂的……」

法官們聚精會神地聽著，想知道古騰堡是不是有可能將艾妮琳騙了回家，甚至將她拐上自己的床？雖然這對於有頭有臉的人來說也算不上是甚麼一回事，但實際上這也等同於承諾婚約，否則艾妮琳是絕對不可能同意的，因爲這會使她名譽受損，畢竟她不是甚麼輕佻放蕩的女孩，而是一名尊顯的貴族！

大廳內的人們因爲證人的發言而議論紛紛，法官還來不及再發言，古騰堡便已經憤怒得跳起來了。他走近修特拉沃罵道：「你不配做人，成天只靠撒謊和欺騙來掙錢！」

他說的這話就連法官們也覺得太過分了，於是禁止他繼續發言。古騰堡也因此被修特拉沃控告侮辱，並在自己的第二場官司中被判賠償給後者十五古爾登，這個金額是一名手工業師傅工作一整年的所得。

至於他和艾妮琳的案子後來怎麼了？無論如何，古騰堡都沒有娶她，他終身未婚。

除了這兩場官司，另外還有一件事令古騰堡必須與史特拉斯堡的議員們當面交涉，因爲他竟然將一個美茵茲市民挾持爲人質！

事情是這樣的——美茵茲市政府欠古騰堡錢[17]。有一天，古騰堡得知美

17 這裡提到美茵茲欠古騰堡錢，是指他應得的年金。話說一四二〇年代美茵茲由於過度發售年金及傾斜貴族特權，以致城市債台高築，無論是行會或貴族都各持自身利益而有不同立場，造成內政混亂，古騰堡跟不少貴族遂出走離開美茵茲以避開動盪局勢；一四二八年行會組成十人議會，決議由他們掌控城市財政權，並要求貴族得要為債務負責；這就是美茵茲後來對出走了的古騰堡扣起年金不付的原因。〔編註〕

茵茲的書記官尼可拉斯・馮・福斯達（Nikolaus von Wörrstadt）要來史特拉斯堡，於是他就想到要抓住這個人作爲人質。

某天夜裡，他在昏暗的巷子裡埋伏等待，當福斯達一從酒館離開，他就衝上前，用堅固的繩索捆住這個被嚇壞了的男人，將他拖回家。古騰堡把人質關在家裡，並威脅這個人，要是自己拿不回美茵茲市政府欠自己的錢，就要把他一直關在這裡。

這種「擄人逼債」的行爲在中古時期雖然並不少見，但在進步的史特拉斯堡早就不被允許了。當地議會得知此事後，便要求古騰堡立刻釋放可憐的福斯達，卻被拒絕了。直到人質承諾替他向美茵茲市政府追討這筆債，他才放人走。

話說回與迪才兄弟的官司，頑固又愛辯駁的古騰堡最後也一樣得到他想要的結果——安德烈的兄弟從他那裡一個古爾登都拿不回。根據斯特拉斯堡的檔案：「美茵茲的翰斯．根斯弗萊施（Hans Gensfleisch von Mentz），又稱古騰堡」在一四三九年十二月十二日無罪離開法庭。

而且，他還有其他的收穫——儘管古騰堡對安德烈的死感到遺憾，但他的財產現在多了數百古爾登，此外他還可以把出售朝聖鏡的利潤中那本來要分給死者的一份也放進自己的口袋裡，眞是太划算了！

至於那台神秘的壓印機呢？

迪才兄弟才不知道該拿它怎麼辦，最後只將之劈掉當柴燒。

那麼古騰堡之後有沒有讓康哈德．薩斯帕爲自己再打造一台新的壓印機？這點我們不得而知。之後他看來是重拾了老本行，做著首飾與珠寶的買賣。

第4章 ✧ 權力、尊嚴及名譽

Macht, Stolz und Ehre

約翰尼斯・古騰堡究竟是個怎麼樣的人呢？無論如何，他都是個精明的生意人，不畏與人發生爭端，而且手藝很好。不過，最重要的是，他能夠在對的時間點冒出對的想法，這點從他想出「壓印」朝聖鏡的點子就可以看得出來。後來他發明出活字印刷術，也因當時的時機正好成熟了——人們渴求教育和書籍，他們想要自己決定自己應該做甚麼、相信甚麼。這也是爲甚麼古騰堡的傑作——讓很多人負擔得起的《聖經》印刷本——能夠這麼成功的原因。

但要是單論這個人的個性，他就是個頑固分子，只要一牽扯到金錢和名譽，就會暴跳如雷。這是爲甚麼呢？因爲他就是這種討人厭的傢伙嗎？抑或，這會不會和他的家庭背景有甚麼關係？

翰尼斯・根斯弗萊施・拉登（Hannes Gensfleisch zur Laden），又

名約翰尼斯．古騰堡（Johannes Gutenberg），他在一四〇〇年左右以貴族之子的身分在美茵茲出生，是父母的第三個孩子。確切的出生年份不詳，只知道他是在六月二十四日——也就是施洗者約翰節——當天受洗，也由此得到這個名字。

他的哥哥叫做弗里德里希（Friedrich），和他們的父親同名，也被叫做弗里勒（Friele），姊姊則和他們的母親一樣叫做艾爾莎（Else）。除這三個孩子外，父親和第一任妻子有個女兒，名叫帕姿（Patze），帕姿的母親去世後，他再娶了新太太，但古騰堡和兄姊都無法忍受這個同父異母的姊姊。父親過世後，弗里勒、艾爾莎及翰尼斯聯手奪走了帕姿的那份遺產，害她只能兩手空空地離家。

在約翰尼斯．古騰堡的家鄉，他就像每個約翰尼斯一樣被大家叫做翰內、翰金或翰亨[18]。古騰堡原本的姓氏是「根斯弗萊施．拉登」（Gensfleisch zur Laden），「拉登」是因爲祖父的莊園在一條名叫「拉登」的街上，至於「根斯弗萊施」[19]是甚麼由來則不清楚，或許翰亨的哪位祖先曾做過鵝肉生意，又或者單純地喜歡吃鵝肉吧！中古時期有很多奇怪的姓氏，例如他祖上就有一位姓「埃塞爾維克」（Eselsweck）[20]的，此外還有親戚的姓氏是「索根洛赫」（Sorgenloch）[21]。

除了姓氏的由來，他們的家族徽章也很令人費解——那是一個打赤腳的駝背小人，背上揹著很重的東西，一手撐著枴杖，另一手抓著一個盤子向前

18 — 意思是指不少人都有相同的名字，而親近的人都常以綽號、暱稱對其作出稱呼。〔編註〕

19 — 「根斯弗萊施」（Gensfleisch）的本意為「鵝肉」。〔譯註〕

20 — 「埃塞爾維克」（Eselsweck）的本意為「驢醒」。〔譯註〕

21 — 「索根洛赫」（Sorgenloch）的本意為「憂慮洞」。〔譯註〕

伸，好像是在乞討一樣。

約翰尼斯一直到成年後才用上「古騰堡」這個姓氏，因爲他父母的莊園在「古騰堡」這條街上，後來就被拿來作爲莊園名稱和家族姓氏了[22]。

翰亨的哥哥、姊姊的未來早就被規劃好了——弗里勒有一天會追隨父親的腳步成爲一名寶石與布料商人，艾爾莎注定要嫁給一位體面的丈夫，她會和貴族柯拉斯·維遜（Clas Vitzthumb）結婚。

那翰亨呢？翰亨要做甚麼？

22 中古時期常見人們將住宅所在地的名稱或地名綴於自己的名字之後。〔譯註〕

他的母親艾爾莎．葳利希（Else Wirich）堅持要讓自己最小的孩子接受正規教育。不僅因爲他是她最疼愛的孩子，最重要還是爲了他的名譽。因爲艾爾莎．葳利希並不是貴族，而是埃爾特維勒（Eltville）那兒一個商戶的女兒。她和翰亨父親的這門親事並不門當戶對，儘管她出身於一個受人景仰且富裕的家庭，甚至在埃爾特維勒擁有自己的房子，但這還是無法改變甚麼，她的孩子們依舊只是「半貴族」而已。對弗里勒和艾爾莎而言，母親這邊的「瑕疵」對他們沒有甚麼影響，但對翰亨可能就不一樣了。爲了成爲受人尊敬的男士，他必須接受良好的教育，並且需要有一份體面的工作。按照他母親的意思，他應該要成爲法學家，甚至是高級教士。

於是翰亨不得不在美茵茲的聖維克多學校上學，後來又被送到埃爾福特（Erfurt）唸大學——在美茵茲，凡是知道上進、經濟能力又足以負擔的人家，都會送至少一個兒子去這座著名的大學唸書。

翰亨在埃爾福特大學認真學習七門學科——文法、修辭學、辯證法、算術、幾何、音樂和天文學。他也在啤酒館和葡萄酒館享受學生生活，爲了支付酒錢，他在大學的圖書館用鵝毛筆和墨水抄寫教科書來掙錢。這段經歷會不會已經在他心中埋下了種子，讓他後來發展出活字印刷術，成就他的印刷作品呢？

這位根斯弗萊施家最小的兒子在美茵茲的街頭也習得了謀生的技術，這座城市有各式各樣的工匠，亞麻布織工、編籃匠、鑄錫匠、金匠以及寶石打磨匠都在開放的作坊裡工作，翰亨喜歡在這些狹窄的巷弄間閒晃，偷偷觀察他們是怎麼工作的。

在父親的莊園，翰亨可以仔細觀察在他家工作的鑄幣師克力斯·海瑟

（Cleese Reise），後者很樂意讓這個求知欲旺盛的男孩看看他是怎麼鑄造錢幣的[23]。後來，當慈祥的克力斯願意將一把銼刀和一塊金屬塞進翰亨手裡要他幫忙時，翰亨自豪得不得了。

克力斯指示道：「現在把這個弄光滑！仔細看，你用手摸摸看就可以發現哪裡不夠圓滑或是有小刺凸出來。」他有時候也會豎起食指，打趣地補上一句：「但要小心一點！金屬是很貴的，如果你銼掉太多，就得賠我這些碎屑的錢！」

翰亨經常陪著父親在這座生氣蓬勃的城市做生意，美茵茲是萊茵河和美茵河匯流之處，這裡一直很熱鬧。河流兩岸總是熙熙攘攘的，停泊著遠道而

23 古騰堡的父親也是一位金匠，為美因茲大主教的鑄幣局工作。

來的宏大商船，船上裝載著來自世界各地的貨物——中國來的織錦緞、天鵝絨、絲綢等精美織物；印度和阿拉伯來的香料；大馬士革來的武器等等的貨品，都讓翰亨看得目不暇給。

運到美茵茲的貨品會在碼頭上被裝上馬車，而要從德意志出口的貨物會被放在手推車運上船，例如布匹、穀物、亞麻、木材、玩具，以及一桶一桶裝得滿滿的啤酒和葡萄酒。

弗里德里希·根斯弗萊施做的是布料和寶石生意，翰亨跟在父親身邊仔細觀察他是如何挑選貨物、檢查貨物品質以及討價還價，在這中間不論是來回拉扯、哈哈大笑或是大呼小叫，都是常有的事。

如果買賣順利，大家接著就會到小酒館喝一杯慶功。

貴族、手工匠和農夫各有各會去的酒館，不會互相混在一起，他們會在那裡傾談生意，也會議論政治。現場氣氛通常會愈演愈烈，男士們愈聊情緒愈高漲，有時還會激動得把酒杯砰地一下砸在桌上，弄得杯裡的酒水都濺出來了。

弗里德里希．根斯弗萊施身爲貴族，是市議會的成員之一，有時也擔任議會裡的算數師傅。他的兒子很早就曉得，不要與行會[24]成員、也就是手工業者合作社的成員有任何糾纏瓜葛，這是出於對名譽的顧忌。

中古時期的城市社會，被分成幾個階層——最上層的是諸侯和「用錢買來頭銜」的貴族，這些人是富有的商人；中間是手工業者，也就是職業行會的成員；最底的則是普通老百姓，農夫、僕役和其他職業都算在這一層。

24 行會（Zunft）即同業工會，就是由手工業者基於捍衛共同利益而成立的團體。〔編註〕

在美茵茲這樣的自由城市裡，掌握生殺大權、決定整個城市命運的是市議會，而議會由貴族和手工業者所組成，當然了，他們當中只有少數人能成爲議會成員，而且他們所關注的大多與被稱爲「長老」的貴族有別，這個稱呼所指的並非年紀，而是家族代代傳承下來的地位。這些有權有勢的商人認爲自己在各方面都比其他人優越，當他們在會議上被行會成員，例如織布工匠或金匠反駁或是提出無禮的要求時，雙方經常都會互相辱罵，散會後在大街上大打出手的情況也並不少見。

而翰亨從小就知道，一旦攸關尊嚴和名譽，貴族就不該迴避爭執。因爲不僅在美茵茲，帝國[25]各地的行會都在反抗貴族的掌控地位和特權——皆

25 當時的時代背景是處於神聖羅馬帝國時期（九六二—一八〇六年），統治方式是實行選舉君主制，帝國版圖以德意志王國的日耳曼人居住區（即德國、奧地利、捷克）為核心，極盛時期包括了波蘭西半部、瑞士、弗里西亞王國（即今荷蘭、比利時、盧森堡）、勃艮第王國（即今法國東部），以及意大利王國（即今北意大利）。〔編註〕

因不同於手工業者，這些富商不需要繳稅[26]，儘管城市貴族也不是沒有一次又一次地爲這城市奉上金錢，但這些金錢到頭來不又是會以終身年金的方式回到他們的口袋裡。而美茵茲這樣的城市到最後還是要爲此而付上昂貴的代價，因爲長期以來這城市要向貴族支付的年金，比先前從他們取得的金額要高很多。

許多貴族都會替自己的孩子購買這樣的年金，就像弗里德里希．根斯弗萊施不僅在美茵茲買了年金，也在法蘭克福和史特拉斯堡這麼做。

數世紀以來，約翰尼斯．古騰堡的家鄉一直被稱爲「黃金美茵茲」。萊

26 美茵茲的城市貴族之所以擁有免稅特權，源於十三世紀初城市貴族擁護支持大主教，由此而換來美茵茲獲得允許成立自治市議會，可自由發展成為一個繁榮城市，城市貴族遂鞏固了其地位，也掌握著各種特權。〔編註〕

茵河是往來南北方的交通要道之一，滋養了這座河畔城市和其人民，壯觀的哥德式建築、雄偉的聖馬可大教堂，以及爲數衆多的大大小小教堂和莊園都證明了這一點。美茵茲之所以擁有如此特殊榮光，得要感謝這裡的大主教，他爲金匠、織布工匠等手工業者帶來了好生意。

然而，在古騰堡出生的時候，美茵茲的「黃金時代」早就已經過去了，瘟疫肆虐使得該城人口從兩萬五千人跌至不足一萬人。善於經商的法蘭克福更是挾帶其貿易展覽會之勢，向美茵茲這個商業中心發起挑戰。這個曾經輝煌的城市現在負債纍纍，沒有任何一處不缺錢。

對於行會成員而言，這顯然該怪罪於享有特權的貴族們。行會與貴族之間的衝突在美茵茲很嚴重，以致許多這些「長老」們都佩帶武器，這是爲了在必要時能夠對抗暴動的行會成員，以保衛自己的莊園。也有相當多的貴族

爲了表達對行會的抗議而收拾包袱離開美茵茲，打算直到局勢平靜才回來，弗里德里希．根斯弗萊施也曾兩度——分別是一四一一年和一四一三年——執拾大包小包的行李，和妻子、兒女一起坐上馬車，搬到埃爾特維勒，住進妻子艾爾莎．葳利希於該地擁有的房產物業中。

一四一九年，在弗里德里希．根斯弗萊施去世後，他的兒子們曾遷往史特拉斯堡。弗里勒後來還是在埃爾特維勒正式定居下來，而約翰尼斯則在其他德意志城市輾轉生活了幾年時間。

第5章 ✧ 流浪歲月

Wanderjahre

約翰尼斯·古騰堡這時已經成年，自由自在、無拘無束的，暫時用不著爲錢煩惱，因爲他父親先前已經爲他籌謀得很好了——他可以從美茵茲、法蘭克福和史特拉斯堡領取年金。除了得到父親一部分遺產，他也繼承了某位繼叔叔及一位與他們家交好的女士所留下的財產。在一四三三年，他又在母親過身後得到了她留下的一大筆金錢。

約翰尼斯遊歷了幾個重要的貿易和手工業城市，例如法蘭克福（Frankfurt）、奧格斯堡（Augsburg）、班堡（Bamberg）和紐倫堡（Nürnberg）。

紐倫堡有德語區的第一座造紙廠，能夠用破布製作紙張，這令他感到歎服，這座位於法蘭肯地區的城市才剛發明

出金屬拉絲的技術——一架以水爲動力的機器可以從鐵拉抽出幼細的「絲線條」，而這種絲線條可以用來製作鐵網、籠子、玩具或騎士用的鎖子甲。此外，他也仔細觀察過模具匠是如何將金屬鑿刻成用來印製遊戲卡牌的印章，也有請教這些銅雕師，讓他們向自己展示其手藝。

約翰尼斯在一四三四年回到史特拉斯堡，以金匠和寶石拋光匠的身分定居下來。不過，由於他沒有加入任何一個職業行會，他不被允許在城牆內營業，於是他就在聖阿博加斯住了下來。貴族的自尊心讓他還是堅持絕不申請加入行會。

在史特拉斯堡及其周邊的生活很美好，這兒有酒吧，也有公衆浴場，而且這個年輕人可不會放過任何玩樂。他結交了有名望的商人和手工業師傅，經常邀請他們到聖阿博加斯作客，豪飲葡萄酒，他們喝的酒量多到甚至讓他在某年得交兩千公升的葡萄酒稅！這些狂飲酒宴長期下來花費甚鉅，於是在美茵茲市政府突然停止支付古騰堡年金的時候，他就左支右絀了起來——這促使古騰堡後來綁架尼可拉斯・馮・福斯達爲人質，以取回美茵茲欠他的年金。不過他後來很快就想出了朝聖鏡的點子，靠這個賺了一筆。

到了一四四四年，雖然這回和早前在美茵茲發生的衝突事件在形式上有所不同，但古騰堡在史特拉斯堡還是遭遇了政治上的困境——這座城市正面臨阿馬尼亞克人的威脅。

話說這是一幫曾在「百年戰爭」[27]爲法國作戰的傭兵，他們之中的一些人一路燒殺擄掠地穿過亞爾薩斯地區，當這些人逼近史特拉斯堡時，市政府

27 「百年戰爭」發生於一三三七年至一四五三年期間，是英、法兩國長達一百一十六年的戰事衝突，歷經五代統治者，最後由法方勝出。〔編註〕

列出一張所有可服兵役的居民名單，古騰堡的名字赫然在列。

雖然他暫時只須支付半匹馬的費用作爲戰爭稅項，但是，要是哪一天他被徵召入伍了怎麼辦？

古騰堡感覺腳下的土地愈來愈燙，他愈來愈待不住了。

不行，他對打仗可沒興趣！

於是他打包全部家當離開，在埃爾

特維勒的哥哥家住了一段時間，接著又回到故鄉美茵茲。

在那兒，行會已經把貴族全數趕出市議會了，但因爲城市債台高築，負債金額大得令人頭暈，他們還是需要貴族可提供的金錢，於是市議員又讓那些已經離開的「長老」們回來。

第6章 ✧ 書籍印刷作品

Das Werk der Bücher

約翰尼斯・古騰堡並不是一個人回來的，車工康哈德・薩斯帕也離開了史特拉斯堡，現正追隨著這位師傅。古騰堡在幾年前要這個人為自己打造那架「壓印」朝聖鏡的秘密壓印機，而當下在美茵茲，他有個更偉大的計劃——他想著要開始印書，也就是印刷整本書。

為此，他需要一台新的壓印機！

古騰堡有一個野心勃勃的目標——他要印刷《聖經》作為自己的第一本偉大作品。

這本世界上最知名的書籍在當時而言價值不菲，只有少數人購買得起，因為每一本都是由修士耗費一年以上的時間逐字逐句抄寫而成。這本書接近一千三百頁，而每一頁都極具藝術感，以精心繪製的圖畫、動物圖片、五顏六色的花卉、植物的髦鬚和襯托性的花紋來裝飾書頁，某些字母還會以不同的顏色作強調，或者加上金色的襯底。

要是能夠用機器大量印刷，這本書肯定能夠便宜不少吧？到時候不就有輝煌的事業等著他了嗎？

除此之外，激發翰亨野心的還有另一個原因——要是這個偉大的計劃成功了，以後就再也沒有人會瞧不起他，只因為他既不是「眞正的」貴族，也不是「行會的」手工匠。作為《聖經》印刷本的發明者，他可以從不受重視的翰亨・根斯弗萊施・拉登，搖

身一變，成爲有頭有臉的約翰尼斯．古騰堡！

首先，他必須設置一間寬敞的作坊，還要找幾個機靈能幹的工匠，而且他現在又缺錢了，需要很多很多的錢！就這幾點而言，古騰堡來美茵茲倒是來對了。

他出生的那幢宅子現在是空置的，父母親已經過世很久了，哥哥在埃爾特維勒定居，姊姊也嫁到法蘭克福去了。在古騰堡街上的這座老宅有足夠的空間供他住，也可成爲作坊之用，而且不用付租金。

美茵茲城裡有許多技藝純熟的手工匠，像是雕刻、刻印，還有鑄造錢幣的工匠，更重要的是，這裡有受過教育的人，他們能夠讀、能夠寫，也能夠理解以拉丁文寫成的《聖經》，就連必不可少的古爾登也不成問題，因爲這裡向來聚集富有的商人、律師和放債人。不過，想要讓這些人從口袋掏出錢來，古騰堡當然還需要一些能展示給他們看的東西，他打算從印刷小冊子著手。

他向勤勞的薩斯帕透露自己的計劃，於是後者爲他打造了他所需要的整套設備。一開始的一百五十古爾登是古騰堡的某位親戚借給他的，接著就像是命運安排似地，住在埃爾特維勒的哥哥和嫂嫂在短時間內相繼去世，古騰堡這下又繼承了很多錢，所以沒有甚麼能阻擋他的大業！

但有一件事他很清楚——這回他沒辦法用固定的模板了，畢竟一本書有很多頁，每一頁的內容都不一樣。

那麼，他該怎麼做呢？

他需要一個一個的鉛字字母，然後就可以將這些字母一個一個地擺在一起，從上至下一行一行地拼出每一頁。他想做多少本書，就可以把這一頁印刷多少次，他還可以把這些鉛字都拆散，按照同樣的方法，拼出下一頁的內容。沒錯，就是這麼做！

古騰堡做的第一件事，就是製作這些鉛字，而且他需要大量這樣的鉛字，遠遠不止是二十六個字母而每個字母只各做一個鉛字，因爲有些字母，例如「a」或「e」，在單字中出現的頻率比其他字母要高，而且字母也有大、小寫之分，還有一些是連結字，會把兩個字母寫在一起，「æ」和「œ」就是如此[28]；此外，像「f」和「i」這種字形瘦長的字母，也要讓它們跟其他字母緊密依偎在一起時避免字母之間留下醜陋的空白間隙。畢竟，印刷出來的文字最後看起來不該和手寫出來的有甚麼不同嘛！因此，被他使用在活

28 æ由ae組成，œ由oe組成。〔譯註〕

字上的字體有著很多小鉤鉤的華麗筆劃，這樣才能或上、或下、或左、或右地，讓字母和字母連接在一起，就像手寫的一樣。

最後，還需要爲經常出現的字詞製作縮寫，也有句號或逗號等標點符號。

呼！古騰堡的腦袋因爲這些計算都要熱得冒煙了！

最後他算出要製作二百九十種不同的活字——四十七個大寫字

母、六十三個小寫字母、八十三個連結字、九十二個縮寫和五個標點符號。

想要印刷一頁的內容，他至少需要2,600個鉛字；如果要同時印刷數頁的內容，排字員手上就得要有7,800個鉛字！

後來，當古騰堡開始印刷《聖經》的時候，總共有46,800個鉛字整整齊齊地躺在薩斯帕的活字盒裡。

不過目前他們還不需要這麼多的字母。現在古騰堡的第一步，是必須要先爲不同的字母製作鉛字，而每個鉛字都需要一個模具。

首先，雕刻師將字母的形狀刻在細鋼條的一端，這份工作需要良好的眼力和手感。被雕刻出來的叫做「陽模」（Patrize）——拉丁文字源的意思是父親；他們會將陽模壓在一小片銅板上，因爲銅的質地比鋼軟，銅板上就會出現陽模的壓痕，也就是「陰模」（Matrize）——拉丁文字源的意思是母親；接著，以熔化的鉛、錫和銻澆灌進陰模中。等到合金冷卻、凝固了，就可取出製作完成的鉛字。這個程序會被不斷重複，直到一個字母被製作出足夠數量的鉛字爲止。接著便是替其他字母製作鉛字，於是這個陽模、陰模的鑄作流程又會從頭開始。

爲了生產這些鉛字，古騰堡發明了「手鑄器」（Handgießgerät）。

手鑄器是一個可以分成兩半的木盒，陰模被夾在木盒中，薩斯帕在中間鑽了一條窄窄的「水道」，他們就可以從上方灌入熱燙的液態合金。這種器具可以避免他們在鑄造的過程中燙傷手指或手掌。

薩斯帕又建造了三台壓印機和排字用的框子。在排字框裡，一個個字母組成字詞，單字挨著單字，塡滿一行再到下一行。排字員利用排字手盤，可

以井然有序地移動、固定每行文字，直到完成一整頁的排字。

然後，以浸泡過墨水——利用燈灰、蛋白和清漆製成——的布球替鉛字上墨，將一張浸溼的紙或羊皮紙整齊地鋪上去，再壓下壓印機，將紙張均勻而緊密地壓在鉛字上。

最後，印刷完成的紙張會給掛在牆上晾乾，就像洗好的衣服被晾在繩子上那樣。

爲了要完成這全部的工序，古騰堡找來了工匠，教授他們這種「黑色工藝」[29]。其中有個工匠學得特別快，他的名字是彼得・雪弗（Peter Schöffer）。

29 ─「黑色工藝」的德語為 Schwarze Kunst，意思即是古騰堡發明的「活字印刷術」。〔編註〕

這個人曾經在埃爾福特大學求學，後來又赴巴黎著名的索邦大學唸書，並且也作為一位技術嫻熟的抄寫員而為人所知。

彼得的眼光很好，能為古騰堡設計出精細優美的花體字母，也為字母雕刻陽模，再靈巧地製作出鉛字。

這就是後來用於《古騰堡聖經》的著名字體「特督哈體」（Textura）的由來，因為字形與一種名貴的織物（拉丁文為textura）相似而得到此名。

這時的古騰堡還沒有料想到，這個最聰明、技藝最純熟的夥伴，日後卻會成為自己最危險的對手！

歷經兩年的努力，他們在一四四八年成功印出第一本試印本，那是一本篇幅二十七頁、有關末日審判的基督教預言詩。此書是由稱為「西比拉」的女先知寫成的，所以這本書就叫做《西比拉神諭》（*Sibyllen-Buch*）[30]。書中在章頭、章尾位置都有裝飾的小插畫，首字母——就是一開頭給寫得特別大的那個字母——也很有藝術感地被描紅了。

古騰堡對這個作品非常自豪，雖然他尚未完全滿意，因爲有些字母印歪了，也有幾行字不夠整齊。儘管如此，這本小書仍然是一次很好的印刷練習，爲他日後完成《聖經》印刷本這個偉大作品累積了經驗。

不過，爲了印刷這本女先知書，古騰堡的錢又不夠用了。

而約翰尼斯．福斯特（Johannes Fust）正是合適的借錢對象，他是雪弗的養父兼後來的岳父。這位富商、律師兼放債人以6%的年利

30 —《西比拉神諭》（*Sibyllen-Buch*），也有稱《女先知書》，在古希臘語之中的 Sibulla 即是「女先知」，譯音作「西比拉」，這是古希臘對神諭者（即女先知）的稱呼。

息借給古騰堡八百古爾登，有了這筆錢，古騰堡便在附近的宏伯希霍夫（Humbrechtshof）設置了第二間更大的印刷廠，添購大量金屬、墨水、羊皮紙和紙張，並僱了二十名員工。他將這間印刷廠抵押了給福斯特，這意味著——要是他的印刷事業失敗，還不上貸款的話，債主就可以得到這裡所有的設備。

古騰堡很快就發現這些錢還是不夠用，於是他又向福斯特再借下八百古爾登，而福斯特這回的借貸條件，是讓他進一步成爲《聖經》印刷事業的股東，最後他會和古騰堡分享利潤。

宏伯希霍夫的印刷廠現在非常忙碌，六位排字員和六位印刷員輪流在三架壓印機和排字框旁工作，還有四個工人從旁協助。在這裡，耳邊能聽到的只有排列鉛字和推動整行鉛字所發出的「啪嗒、喀啦」聲，將墨水塗抹在整

面鉛字上所發出的「唰喇」聲，以及操作印刷機所發出的「吱嘎」聲。

廠內的空氣很悶，大家都聚精會神地工作。

剛印出來的書頁給掛在牆上晾乾，四位校對員則彎著腰在一個角落檢查初樣，小心地檢查上面有否出錯。要是眞的發現錯字，他們就必須修正印版——也就是將錯誤的鉛字撿出來，換上正確的字。只有經過校對確認後，這一頁才會被大量印刷。等到全部印完，他們就會把鉛字從排字框取出，再按照下一頁的內容重新排字。

一四五四年秋天，約翰尼斯・古騰堡造訪法蘭克福帝國議會。商人們可以在這個地方兜售他們的貨品，於是他展示了尚未裝訂的《聖經》印刷本的前幾頁。而看到這些書頁的人都驚訝得不得了，幾乎無法相信這竟然不是用手抄的！

這個偉大的作品在同一年完工——古騰堡印製了一百八十本《聖經》，每本都分上、下兩冊，分別爲 648 頁和 634 頁。其中有一百四十套印刷在紙上，四十套印刷在最講究的、用動物皮革製的羊皮紙上。每本《聖經》皆長 412 毫米，寬 300 毫米，尺寸大得能夠讓人在昏暗的教堂大廳裡閱讀，也可以舉高展示給信徒們看。每頁都有四十二行，分成左右兩半，也就是一頁有兩欄。這是多麼珍貴的作品啊！

而且，每本《聖經》都可按照購買者的意思，由繪書師、描紅師和描金師在書頁上加上不同的裝飾，所以沒有兩本《聖經》看起來是一樣的；而客人只需要付錢就可買到——紙質《聖經》的售價在四十到六十古爾登之間，羊皮紙版的則在八十到一百古爾登之間。

古騰堡現在不是該大肆慶祝一番嗎？

然而，事情卻並非如此。約翰尼斯．福斯特此時竟突然要求古騰堡立刻償還所有借款，而且還要加上利息；他甚至也算上自己投資的八百古爾登，於是總金額高達2,020古爾登，真是多得令人難以置信！

這筆錢在美茵茲都可以用來蓋完一整條街的房子了！

這對古騰堡來說，眞是晴天霹靂！他覺得自己被敲詐了！

雙方鬧上法庭，福斯特在庭上聲稱，古騰堡沒有將他第二次投入的八百古爾登用於兩人的合夥事業上，而是爲自己在古騰堡莊園的另一間印刷廠添購紙、鉛和錫。

事實上也確是如此。在宏伯希霍夫的印刷廠生產《聖經》的時候，古騰堡也有繼續經營自己家裡的印刷廠，在那裡印製贖罪券。但這和福斯特有甚麼關係？而且他到底是怎麼知道的？

這只有可能是彼得·雪弗給他通風報信的！

古騰堡曾經對雪弗信任得不得了，他向雪弗細說了自己這門「黑色工藝」的每個步驟，還教授他所有在印刷上必須要知道的事！真是個卑鄙的傢伙！

法官要求古騰堡說出福斯特的錢去了哪裡，他卻拿不出任何收據證明。

一四五五年這場審判的結果對他而言非常糟糕，他必須將整間印刷廠連帶所有的設備、鉛字，以及他從《聖經》印刷本得到的一半收入，都得轉讓給約翰尼斯·福斯特。

那福斯特後來如何呢？

他和彼得·雪弗繼續經營那間印刷廠並印刷自己的書籍，他們的第一本印刷書，是一本工藝華麗的《聖經》讚美詩集[31]。

那麼，古騰堡就到此為止了嗎？

錯了！他要給這兩個壞傢伙好看！

古騰堡在自家莊園裡的工廠和隨他留下來的工人繼續印刷作業，例如贖罪券、教會的宣傳冊、天文曆、學生用的拉丁語文法書，以及《大成》（*Catholicon*）[32]——那是一本拉丁文字典兼參考書。只是再也沒有一本書能及得上他那本最棒的傑作《古騰堡聖經》了。

31—福斯特與彼得·雪弗於一四五七年以活版印刷方式印成的第一本書，是《美茵茲詩篇》（*Mainz Psalter*），此為歐洲第一本刊有印刷者名字及日期的印刷書本。〔編註〕

32—《大成》（*Catholicon*）的原書名為*Summa grammaticalis quae vocatur Catholicon*，或可譯作《拉丁語語法大成》，由約翰·巴爾比（Johannes Balbus）於一二八六年寫成，這是一部拉丁語詞典，在歐洲中世紀後期常被廣泛使用於解釋《聖經》；而這本書於一四六〇年首次以古騰堡發明的活版印刷方式印成。〔編註〕

不過，他後來又靠《聖經》賺了一筆，而且還能對福斯特造成打擊——他爲班堡的教士會成員設立了印刷廠，並將印刷術傳授給了這位成員的秘書。於是班堡也能夠開始印刷《聖經》了。

在古騰堡快要六十歲的時候，他不得不再次離開家鄉，事緣這裡發生了戰爭。美茵茲大主教去世了，而迪特・馮・伊森堡（Dieter von Isenburg）和阿道夫・馮・拿騷（Adolf von Nassau）這兩個野心家都想爭奪這個空缺，美茵茲人希望伊森堡能上台，然而教宗卻希望拿騷能坐上這個位置。最後拿騷用武力奪下了美茵茲，他的軍隊在一四六二年六月衝進這個城市，闖入市民們的房屋與莊園，掠奪財物並放火。

八百位男性市民被圍捕、趕到城外，約翰尼斯・古騰堡便是其中之一。於是，他再次前往他母親的城市埃爾特維勒避難。

在那裡，古騰堡為伯恩騰門茲（Bechtermünze）兩兄弟海因里希（Heinrich）和尼可勞斯（Nicolaus）[33]建造了一座新的作坊，並教授他們如何印刷書籍。

三年後，在一四六五年，阿道夫．馮．拿騷想起了古騰堡，他非常欣賞這個人印刷的《聖經》，以及他為宣揚神的話語所做出的貢獻。這位新任的美茵茲大主教於是在他的宮廷接待了古騰堡，並召喚他回來擔任「宮廷侍臣」（Hofmann）[34]一職。

33－據說伯恩騰門茲兩兄弟也是來自美茵茲的貴族家庭。

34－神聖羅馬帝國時期（九六二－一八〇六年）的美茵茲，是一個采邑主教領國，由美茵茲大主教所統治，是神聖羅馬帝國的選侯國（其統治者擁有選舉皇帝權力的資格）之一。一二四四年大主教齊格費里德三世為獲得支持，於是給予美茵茲特權，讓美茵茲由二十四人組成的議會統治，成為自由城市。然而一四六二年大主教阿道夫．馮．拿騷取消了這項特權，因此美茵茲再度受到大主教的管治。〔譯註〕

這個職位讓這位手工業師傅未來都不再需要爲生計煩惱了，因爲他每年都會收到與自己身分相稱的體面衣服，還可得到2,180升穀糧及2,000升葡萄酒。

於是，古騰堡回到美茵茲，在克里斯多夫教堂（Christophskirche）旁邊的阿爾格斯海姆莊園（Algesheimer Hof）住了下來。接著，他寫下了自己的遺囑——他的印刷廠在拿騷軍隊掠奪後所剩下來的一切，一律由行會成員康哈德·休姆利（Conrad Humery）[35]繼承。這個人是古騰堡結交多年的好友，對他而言，是行會成員還是貴族，這個問題早就一點都不再重要了。

35 有說在一四五五年古騰堡與福斯特的合作關係破裂後，法庭判古騰堡敗訴，而古騰堡在友人康哈德·休姆利的經濟援助下，得以繼續運作印刷作坊。

約翰尼斯．古騰堡於一四六八年二月三日，也就是聖巴拉斯日[36]當天逝世，被安葬於聖方濟教堂（Franziskus-Kirche）。然而這座教堂在十八世紀法國佔領時期被摧毀了，古騰堡的墳墓也隨之湮滅在一片廢墟中。

不過，在他過世後，他的發明很快就傳播到世界各地——那些從他身上獲得傳授這門技術的人們，從美茵茲出發，將活字印刷術帶到其他的城市和國家。僅僅數十年後，在羅馬已經有四十座印刷廠；在威尼斯甚至多達一百五十座，到一五〇〇年爲止，光是那裡就有 4,500 本書籍或其他類型的作品被大量印刷。

一直到接近二十世紀末，書本和報紙等都是以古騰堡所發明的方式印

36　據資料記載，聖人巴拉斯（Heiliger Blasius），也有譯作聖人伯拉削，是亞美尼亞的瑟巴斯德城主教，曾於其退隱、遭受迫害期間，顯示了醫治神蹟，最後於西元三一六年被斬首殺害，後來教會將二月三日定為「聖巴拉斯日」以作紀念。

刷，直至電腦問世，新的印刷技術出現，才改變了這個局面。

無論如何，約翰尼斯．古騰堡在一九九九年被封爲「一千年來最重要的人物」[37]。

37 一九九九年十月十日，美國有線網絡媒體 A&E 選出「千禧年最具影響力一百人」（*A & E's Biography: 100 Most Influential People of the Millennium*），由來自世界各地的三百六十名記者、科學家、神學家、歷史學家和學者組成評選團，選出為人類生活帶來最大貢獻的一百人，古騰堡名列首位；一九九九年十二月三十一日，美國《時代》雜誌（*Time*, December 31, 1999, Vol. 154 No. 27）的〈世紀人物〉專題特刊中，古騰堡也以其活字印刷術發明，膺選「十五世紀最重要人物」（*15th Century: Johann Gutenberg — Person Of The Century / The Most Important People Of The Millennium*）。

✧ 作者簡介

克莉絲汀．舒茲—萊斯（Christine Schulz-Reiss），一九五六年出生，兒童與青少年文學作家，也是一位自由記者。曾於愛爾朗根與慕尼黑研讀日耳曼學、歷史學、政治學及傳播學，畢業後曾擔任政治編輯與記者，直至一九九一年自立門戶。她以大受好評的青少年系列普及讀物《這是誰？》（*Wer war das?*）和《向下扎根！德國最受歡迎的思辨讀本系列》（*Nachgefragt: Politik*）〔麥田出版（台灣）〕而爲人所熟知，後者曾於二〇〇四年獲得「古斯塔夫．海涅曼兒童與青少年圖書和平獎」提名。

✧ 繪者簡介

克勞斯．恩西卡特（Klaus Ensikat），一九三七年出生，當代最傑出的書籍插圖家、自由藝術家之一，曾於一九九六年獲頒兒童與青少年讀物插畫界最高國際榮譽獎項「國際安徒生獎」。

✧ 譯者簡介

鄭若慧，畢業於台灣國立政治大學歐洲語文學系德文組，目前從事德語教學與德中筆譯工作。譯有《希特勒》（*Hitler: Eine Biographie*）〔五南出版（台灣）〕、《活字印刷的發明故事，你所不知道的古騰堡！》（*Johannes Gutenberg und das Werk der Bücher*）〔格子盒作室出版（香港）〕。

活字印刷的發明故事，
你所不知道的古騰堡！

作　者 — 克莉絲汀・舒茲–萊斯（Christine Schulz-Reiss）
繪　者 — 克勞斯・恩西卡特（Klaus Ensikat）
譯　者 — 鄭若慧
編　輯 — 阿丁 Ding
設　計 — 阿丁 Ding
協　力 — Mari Chiu、米羔

出　版 — 格子盒作室 Gezi Workstation
郵寄地址：香港中環皇后大道 70 號卡佛大廈 1104 室
網上書店：gezistore.ecwid.com
臉書：www.facebook.com/gezibooks
IG：www.instagram.com/gezi_workstation
電郵：gezi.workstation@gmail.com

發　行 — 一代匯集
聯絡地址：九龍旺角塘尾道 64 號龍駒企業大廈 10B&D 室
電話：2783-8102
傳真：2396-0050

承　印 — 美雅印刷製本有限公司

出版日期 — 二〇二二年十二月（初版）

I S B N — 978-988-75725-4-1